Short stories in Spanish

Written by Maria Karra

Edited by María Florencia Otero
Cover illustration by Elena Tarsius

Published by FRESNEL PRESS
12781 Orange Grove Blvd
West Palm Beach, FL 33411

Copyright © 2026 FRESNEL PRESS

All rights reserved, including the right of reproduction
in whole or in part in any form.

Printed in the United States of America

ISBN: 978-1-7358436-7-4

Table of Contents

About the book and the author 1

Introducción 3

Chapter 1 - **Qué hacemos los domingos** 5
    VOCABULARIO – VOCABULARY 8
    NOTAS – NOTES 10
    EJERCICIOS – EXERCISES 11
    RESPUESTAS A LOS EJERCICIOS – ANSWERS TO THE EXERCISES 16

Chapter 2 - **Está lloviendo** 18
    VOCABULARIO – VOCABULARY 20
    NOTAS – NOTES 22
    EJERCICIOS – EXERCISES 23
    RESPUESTAS A LOS EJERCICIOS – ANSWERS TO THE EXERCISES 28

Chapter 3 - **¡Nos estamos mudando!** 30
    VOCABULARIO – VOCABULARY 33
    NOTAS – NOTES 35
    EJERCICIOS – EXERCISES 36
    RESPUESTAS A LOS EJERCICIOS – ANSWERS TO THE EXERCISES 40

Chapter 4 - **Pasatiempos** 42
    VOCABULARIO – VOCABULARY 45
    NOTAS – NOTES 47
    EJERCICIOS – EXERCISES 48
    RESPUESTAS A LOS EJERCICIOS – ANSWERS TO THE EXERCISES 54

Chapter 5 - **Nuestro patio** 56
    VOCABULARIO – VOCABULARY 58
    NOTAS – NOTES 60
    EJERCICIOS – EXERCISES 61
    RESPUESTAS A LOS EJERCICIOS – ANSWERS TO THE EXERCISES 66

Chapter 6 - ¿Dónde trabajas? 68
- VOCABULARIO – VOCABULARY 71
- NOTAS – NOTES 73
- EJERCICIOS – EXERCISES 74
- RESPUESTAS A LOS EJERCICIOS – ANSWERS TO THE EXERCISES 78

Chapter 7 - ¿Qué vamos a comer hoy? 80
- VOCABULARIO – VOCABULARY 84
- NOTAS – NOTES 86
- EJERCICIOS – EXERCISES 87
- RESPUESTAS A LOS EJERCICIOS – ANSWERS TO THE EXERCISES 92

Chapter 8 - ¿Qué quieres ser cuando seas grande? 94
- VOCABULARIO – VOCABULARY 98
- NOTAS – NOTES 101
- EJERCICIOS – EXERCISES 102
- RESPUESTAS A LOS EJERCICIOS – ANSWERS TO THE EXERCISES 106

Chapter 9 - ¡Tenemos perro! 108
- VOCABULARY – VOCABULARY 112
- NOTAS – NOTES 114
- EJERCICIOS – EXERCISES 115
- RESPUESTAS A LOS EJERCICIOS – ANSWERS TO THE EXERCISES 120

Chapter 10 - La televisión 122
- VOCABULARIO – VOCABULARY 126
- NOTAS – NOTES 128
- EJERCICIOS – EXERCISES 129
- RESPUESTAS A LOS EJERCICIOS – ANSWERS TO THE EXERCISES 135

About the book and the author

This book has been designed for intermediate-level learners of Spanish. It can be used for self-study or in a classroom. It is written in everyday language, with realistic dialogs and situations.

The stories revolve around a typical Spanish family. Each chapter consists of:

- a text, increasing in complexity as you progress in the book
- a vocabulary section with the words as they appear in the text and in their original form (e.g. *nos iremos* = *we will leave* — verb *irse* = *to leave*)
- reading-comprehension questions (True or False and multiple choice)
- grammar and vocabulary exercises to practice what you've learned in each text
- answers to the exercises.

The author, Maria Karra, is an experienced language instructor, linguist, and translator, with a passion for the Spanish language and culture and an even greater passion for teaching and sharing knowledge.

Introducción
Introduction

Ignacio y Héctor son mellizos. Viven en Valencia con su mamá, María, y su papá, Alejandro. Van a la escuela primaria. En cada capítulo de este libro, aprendemos algo de su vida.

Ignacio and Hector are twin brothers. They live in Valencia with their mom, Maria, and their dad, Alejandro. They are in elementary school. In each chapter of this book we learn something about their life.

Capítulo 1 – Chapter 1

Qué hacemos los domingos
What we do on Sundays

La mamá de Ignacio y Héctor nos cuenta qué hacen los domingos.

El domingo **que viene pienso llevar** a los **niños** al **parque infantil.** Vamos casi todos los **fines de semana** porque les gusta muchísimo. Juegan en los **columpios**, en el **balancín** y en el **tobogán,** y corren **por todas partes**. Yo también **disfruto** mucho del parque. Me siento en un **banquito** con un café o un **zumo** en la mano y **descanso** mientras miro a los niños **jugar** y **divertirse. A veces** encontramos ahí a unos amigos de ellos de la escuela, que viven cerca. **Lo difícil es** cuando llega la hora de volver a casa. Los niños no quieren irse **de ninguna manera**. **Se quejan** y lloran para que nos quedemos un poco más en el parque.

En verano, en lugar de ir al parque, vamos a la playa. Ahí los niños hacen **exactamente** lo mismo; **es decir**, no quieren irse de ninguna forma. Juegan en la **arena**, hacen **castillos** y **recogen conchas de mar**. Yo los miro mientras **tomo el sol**. Pero cuando **quieren** meterse en el agua, nos metemos todos juntos. Los niños usan **salvavidas**. Yo **sé nadar** muy bien y **el año que viene** les voy a enseñar a ellos también. Los tres disfrutamos muchísimo del mar. **En cambio**, Alejandro, mi **esposo**, no viene nunca con nosotros, no le gusta la playa. **Así que** vamos solamente los niños y yo. **Afortunadamente**, en nuestra **zona** el agua está muy limpia. Por eso nos gusta tanto y siempre nos quedamos **al menos** dos horas en la playa. Por supuesto, los niños siempre quieren quedarse más tiempo. **No

se cansan del agua y de la arena. Cuando **se acerca la hora** de irnos, **solemos hacer una parada** en la **heladería** de Don Jorge **de camino a** casa y compramos helado. A Ignacio le gusta de **fresa**, a Héctor de **chocolate** y a mí de **vainilla**. No hay nada más **agradable** que un helado después de dos horas bajo el sol **ardiente**.

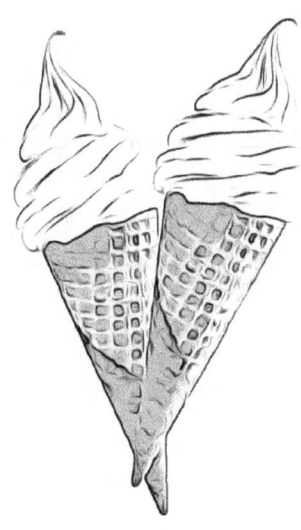

VOCABULARIO – VOCABULARY

que viene = next	*also:* próximo – próxima
pienso llevar = I'm thinking of taking	pensar + infinitivo = I'm thinking about (doing something)
los niños = children	*singular:* el niño – la niña
el parque infantil = playground	el parque = park
los fines de semana = weekends	*singular:* el fin de semana
los columpios = swings	*singular:* el columpio
el balancín = seesaw	*in Latin America:* el subibaja
el tobogán = slide	
por todas partes = everywhere, all over the place	
disfruto = I enjoy	*verb:* disfrutar = to enjoy
el banquito = little bench	*diminutive of:* el banco = bench
el zumo = juice	*in Latin America:* el jugo
descanso = I rest, I relax	*verb:* descansar = to rest, relax *opposite:* cansarse = to get tired
jugar = to play	
divertirse = to have fun	
a veces = sometimes	
lo difícil es… = the hard part is …	
de ninguna manera = in no way	
se quejan = they complain, they gripe	*verb:* quejarse
en verano = in the summer	
en lugar de = instead of	*also:* en vez de
exactamente = exactly	
es decir = that is to say	

la arena = sand	
los castillos = castles	*singular:* el castillo
recogen = they collect, they gather	*verb:* recoger
las conchas de mar = seashells	*singular:* la concha de mar
tomo el sol = I sunbathe	tomar el sol
el salvavidas = lifesaver, lifejacket	*from:* salvar (to save) + vida (life)
sé nadar = I know how to swim	
el año que viene = next year	
en cambio = whereas	
el esposo = husband	la esposa = wife
así que = so	
afortunadamente = fortunately	
la zona = area, region	
al menos = at least	
no se cansan = they don't get tired	cansarse de… = to get tired of …
se acerca la hora = the time comes	
solemos = we usually …	*verb:* soler
hacer una parada = to make a stop	
la heladería = ice-cream shop	el helado = ice cream
de camino a = on the way to	el camino = road, way, path
la fresa = strawberry	
el chocolate = chocolate	
la vainilla = vanilla	
agradable = enjoyable, delightful	
ardiente = hot, burning hot	

NOTAS – NOTES

EJERCICIOS – EXERCISES

1. ¿Verdadero o falso? – True or false?

		Verdadero	Falso
a.	María lleva a los niños al parque casi todos los días.	☐	☐
b.	En el parque hay balancines y toboganes.	☐	☐
c.	Los niños se sientan en un banquito y toman zumo.	☐	☐
d.	En primavera, María lleva a los niños a la playa.	☐	☐
e.	En la playa, los niños juegan en la arena.	☐	☐
f.	En el agua, los niños usan salvavidas.	☐	☐
g.	María no sabe nadar muy bien.	☐	☐
h.	El agua del mar en la zona no está limpia.	☐	☐
i.	María y los niños se quedan al menos tres horas en la playa.	☐	☐
j.	A Ignacio le gusta el helado de fresa.	☐	☐

2. Escribe las palabras en plural. – Write the words in the plural.

a. el fin de semana _____

b. el columpio _____

c. el banquito _____

d. el café _____

e. la escuela _____

f. el verano _____

g. la playa _____

h. la hora _____

i. la zona _____

j. el camino _____

3. Escribe las palabras en singular. – Write the words in the singular.

a. los domingos   _____

b. los niños   _____

c. los amigos   _____

d. las veces   _____

e. las horas   _____

f. los castillos   _____

g. las conchas de mar   _____

h. los helados   _____

4. Completa los espacios en blanco con el verbo correcto. – Fill in the blanks with the right verb.

> *gusta - juegan - compramos - sé - se cansan - quieren - disfrutamos - vamos - está - me siento*

a. Los niños no _____ de ninguna manera irse del parque.

b. Yo _____ en un banquito con mi café en la mano.

c. En verano, en vez de ir al parque, _____ a la playa.

d. Los niños _____ en la arena y hacen castillos.

e. Yo no uso salvavidas porque _____ nadar muy bien.

f. De camino a casa, hacemos una parada en la heladería y _____ helados.

g. Los niños no _____ de jugar en la arena.

h. A Ignacio le _____ la fresa y a mí la vainilla.

i. La playa en nuestra zona _____ muy limpia.

j. Los niños y yo _____ mucho de la playa.

5. Pon las palabras en el orden correcto para formar frases. – Put the words in the right order to make sentences.

a. todos – al – casi – vamos – parque – domingos – los

b. el – playa – a – vamos – verano – la – en

c. de – a – amigos – encontramos – unos – veces – niños – los

d. arena – los – en – niños – juegan – la – cansarse – sin

e. el – sol – niños – a – los – mientras – miro – yo – tomo

f. los – conchas de mar – hacen – recogen – y – castillos – niños

g. helado – parar – comprar – solemos – y – en – la – heladería

h. helado – que – nada – agradable – un – más – hay – no

RESPUESTAS A LOS EJERCICIOS – ANSWERS TO THE EXERCISES

1. a. Falso, b. Verdadero, c. Falso, d. Falso, e. Verdadero, f. Verdadero, g. Falso, h. Falso, i. Falso, j. Verdadero

2. a. los fines de semana, b. los columpios, c. los banquitos, d. los cafés, e. las escuelas, f. los veranos, g. las playas, h. las horas, i. las zonas, j. los caminos

3. a. el domingo, b. el niño, c. el amigo, d. la vez, e. la hora, f. el castillo, g. la concha de mar, h. el helado

4. a. quieren, b. me siento, c. vamos, d. juegan, e. sé, f. compramos, g. se cansan, h. gusta, i. está, j. disfrutamos

5. a. Vamos al parque casi todos los domingos. / Casi todos los domingos, vamos al parque.
   b. En verano vamos a la playa.
   c. A veces encontramos unos amigos de los niños.
   d. Los niños juegan en la arena sin cansarse.
   e. Yo miro a los niños mientras tomo el sol. / Yo tomo el sol mientras miro a los niños.
   f. Los niños hacen castillos y recogen conchas de mar.
   g. Solemos parar en la heladería y comprar helado.
   h. No hay nada más agradable que un helado.

Fin del 1.er capítulo

¡Felicidades!

Capítulo 2 – Chapter 2

Está lloviendo
It's raining

Hoy ha estado lloviendo **todo el** día. No ha parado **del todo** desde la mañana. Héctor e Ignacio quieren salir al **jardín** a jugar, pero su madre no les **deja**.

Héctor: Mamá, déjanos salir un ratito fuera.

Mamá: ¡**De ninguna manera**! Os vais a **empapar**. ¿No veis que está **lloviendo a cántaros**? ¿No oís los **truenos**?

Así que los dos hermanitos **se han encerrado en** casa. Han visto un poco de televisión, **dibujos animados**. ¡Adoran los **pitufos**! Luego hicieron un **rompecabezas**. Pero se **aburrieron**. Empezaron a quejarse.

Ignacio: ¡Ya! ¡**Basta**! ¿Cuándo va a parar la lluvia?

Mamá: **Me temo** que estará lloviendo hasta muy tarde. Pero mañana va a estar soleado. Podemos ir al parque.

Héctor: ¡Sí! ¡Qué idea más genial! ¡Podemos llevar nuestras bicicletas!

Mamá: **¿Por qué no?**

Ignacio: ¿Podemos ir a la playa?

Mamá: **No creo**.

Ignacio: Pero dijiste que va a hacer sol.

Mamá: Esto no **significa** que va a hacer **calor**. **Todavía** no ha llegado el verano.

Ignacio: ¿**Entonces** iremos solamente al parque?

Mamá: Sí, pero nos podemos quedar todo el tiempo que queráis.

Héctor: ¡Perfecto! Nos llevaremos **el balón de baloncesto** también.

Mamá: Bicicletas, balón de baloncesto ¡y **abrigos**! Como os dije, hará frío.

Ignacio: **Vale**, vale. Abrigos también. Ya, mamá, ¡**como si** fuera **invierno**!

Héctor: Sí, mami. **Exageras**.

Mamá: **Prefiero** exagerar a teneros **constipados** después.

VOCABULARIO – VOCABULARY

todo el día = all day long	*also:* el día entero
del todo = at all, not at all	
el jardín = yard, garden	
deja = lets, allows	*verb:* dejar
de ninguna manera = no way	
os vais a empapar = you'll get soaking wet	*verb:* empaparse
lloviendo a cántaros = raining cats and dogs	
los truenos = thunders	*singular:* el trueno
se han encerrado en casa = they are stuck at home	encerrarse en casa = to be stuck at home
los dibujos animados = cartoons	
adoran = they adore	*verb:* adorar
los Pitufos = the Smurfs	
el rompecabezas = jigsaw puzzle	*from:* romper(se) + cabeza
se aburrieron = they got bored	*verb:* aburrirse
basta = it's enough	
me temo que… = I'm afraid that …	
va a estar soleado = it will be sunny	
genial = great, brilliant	
la idea = idea	
las bicicletas = bicycles	*singular:* la bicicleta
¿por qué no? = why not?	
no creo = I don't think so	*verb:* creer
significa = means	
el calor = heat, warmth	hace calor = it's hot, it's warm

todavía no = not yet	
entonces = so, then	
el balón de baloncesto = basketball (the ball used in the game)	el baloncesto = basketball (the game) el balón de fútbol = soccer ball
los abrigos = jackets, coats	*singular:* el abrigo *also:* la chaqueta
vale = OK, all right	
como si... = as if ...	
el invierno = winter	
exageras = you exaggerate	*verb:* exagerar
prefiero = I prefer	*verb:* preferir
constipados = having a cold	constipado – constipada

NOTAS – NOTES

EJERCICIOS – EXERCISES

1. ¿Verdadero o falso? – True or false?

		Verdadero	**Falso**
a.	Esta tarde va a hacer sol.	☐	☐
b.	Mañana los niños irán al parque.	☐	☐
c.	Los niños llevarán el balón de fútbol al parque.	☐	☐
d.	Los niños vieron dibujos animados en la televisión.	☐	☐
e.	Los niños se están quejando porque mañana irán al parque.	☐	☐
f.	Hoy está soleado, pero hace frío.	☐	☐
g.	Mañana hará frío.	☐	☐
h.	Se oyen truenos.	☐	☐
i.	Todavía es invierno.	☐	☐
j.	Los niños están encerrados en casa porque fuera hace mucho frío.	☐	☐

2. Pon los verbos en primera persona del singular, en presente.
   – Put the verbs in the 1st person singular, in the present tense.

a. ha parado   _ _ _ _ _ (yo) paro _ _ _ _ _

b. veis   _ _ _ _ _ _ _ _ _ _ _ _ _ _ _

c. oís   _ _ _ _ _ _ _ _ _ _ _ _ _ _ _

d. se han encerrado _ _ _ _ _ _ _ _ _ _ _ _ _ _ _

e. han visto   _ _ _ _ _ _ _ _ _ _ _ _ _ _ _

f. adoran   _ _ _ _ _ _ _ _ _ _ _ _ _ _ _

g. se aburrieron   _ _ _ _ _ _ _ _ _ _ _ _ _ _ _

h. empezaron   _ _ _ _ _ _ _ _ _ _ _ _ _ _ _

i. dijiste   _ _ _ _ _ _ _ _ _ _ _ _ _ _ _

j. ha llegado   _ _ _ _ _ _ _ _ _ _ _ _ _ _ _

k. iremos   _ _ _ _ _ _ _ _ _ _ _ _ _ _ _

l. podemos   _ _ _ _ _ _ _ _ _ _ _ _ _ _ _

3. Escribe las palabras en plural. – Write the words in the plural.

a. el día   _____

b. el jardín   _____

c. la madre   _____

d. el rompecabezas   _____

e. la casa   _____

f. la tarde   _____

g. la playa   _____

h. el balón   _____

i. el invierno   _____

4. Escribe las palabras en singular. – Write the words in the singular.

a. los niños   _____

b. los truenos   _____

c. los hermanitos   _____

d. las bicicletas   _____

e. los abrigos   _____

5. Completa los espacios en blanco. – Fill in the blanks.

encerrados - cántaros - ha - hasta - balón - todo - verano - frío - salir - soleado

a. Hoy ha estado lloviendo _____ el día.

b. Ignacio y Héctor quieren _____ al jardín.

c. Fuera está lloviendo a _____.

d. Mañana va a estar _____ e iremos al parque.

e. Aún es primavera, no ha llegado el _____.

f. Los niños están _____ en casa porque está lloviendo.

g. Desde la mañana no _____ parado de llover.

h. Hoy va a estar lloviendo _____ tarde.

i. Los niños llevarán sus bicicletas y el _____ de baloncesto al parque.

j. Mañana los niños no irán a la playa porque hará _____.

RESPUESTAS A LOS EJERCICIOS – ANSWERS TO THE EXERCISES

1. a. Falso, b. Verdadero, c. Falso, d. Verdadero, e. Falso, f. Falso, g. Verdadero, h. Verdadero, i. Falso, j. Falso

2. a. paro, b. veo, c. oigo d. me encierro, e. veo, f. adoro, g. me aburro, h. empiezo, i. digo, j. llego, k. voy, l. puedo

3. a. los días, b. los jardines, c. las madres, d. los rompecabezas, e. las casas, f. las tardes, g. las playas, h. los balones, i. los inviernos

4. a. el niño, b. el trueno, c. el hermanito, d. la bicicleta, e. el abrigo

5. a. todo, b. salir, c. cántaros, d. soleado, e. verano, f. encerrados, g. ha, h. hasta, i. balón, j. frío

Fin del 2.º capítulo

¡Sigue así!

Capítulo 3 – Chapter 3

¡Nos estamos mudando!
We are moving!

Ignacio y su **compañera de clase** Elena están hablando por teléfono.

Elena: Buenos días. **¿Se encuentra** Ignacio?

Ignacio: Soy yo. **¿Quién habla?**

Elena: Elena. Te llamo para **recordarte** que el sábado es mi **fiesta de cumpleaños**. Vendrás, ¿no?

Ignacio: Tengo muchas ganas, pero no creo que pueda. Este fin de semana tenemos **mudanza**.

Elena: ¿Mudanza? ¿Dónde os mudáis? ¿Lejos?

Ignacio: No, aquí cerca. Vamos a una casa más grande.

Elena: ¿Cuán grande?

Ignacio: **¡Enorme!** Con **jardín**, un **salón** grande, tres **cuartos de baño** y **desván**. Pero **lo más importante** es que ¡voy a tener **mi propia habitación**!

Elena: ¿Ahora no tienes tu propia habitación?

Ignacio: No, la **comparto** con mi hermano.

Elena: Ay ay ay...

Ignacio:	Ni te cuento. **Ya no cabemos** los dos en una sola habitación.
Elena:	¿Es muy **pequeña**?
Ignacio:	No, pero lo tenemos todo **doble**: dos **camas**, dos **escritorios**, dos **sillas**, dos **armarios**, ¿cómo vamos a caber?
Elena:	**Tienes razón.**
Ignacio:	Eh, sí. Por eso **no veo la hora** de ir a la **nueva** casa. **Ya** he puesto todas mis cosas en **cajas**.

Elena: ¿Y vas a **cargarlas** tú solo?

Ignacio: No, mi papá cargará la mayoría. Mi hermano y yo **ayudaremos lo más que podamos**, pero solamente con las cajas pequeñas y **ligeras**. Las cajas grandes y **pesadas** no podemos **levantarlas**.

Elena: **Me alegro de** que vayan a una nueva casa y que vayas a tener tu propia habitación, pero **lamento que** no puedas venir a mi fiesta.

Ignacio: Yo también. Pero te compraré un hermoso **regalito**.

Elena: Ah, ¡gracias!

Ignacio: Te **deseo feliz cumpleaños** desde ya.

Elena: ¡Muchas gracias! ¡Buena mudanza!

Ignacio: **Chau.**

Elena: ¡Hasta luego!

VOCABULARIO – VOCABULARY

la compañera de clase = (*fem.*) classmate	el compañero de clase = (*masc.*) classmate
¿se encuentra X? = is X there?	
¿quién habla? = who is speaking?	
recordarte = to remind you	*verb:* recordar = to remind
la fiesta de cumpleaños = birthday party	el cumpleaños = birthday la fiesta = party festejar = to celebrate
la mudanza = (*noun*) move	*verb:* mudarse = to move (relocate)
enorme = huge	
el jardín = garden	
el salón = living room	
los cuartos de baño = bathrooms	*singular:* el cuarto de baño, el baño = bathroom, bath tomar un baño = bañarse = to take a bath
el desván = attic	
lo más importante = the most important	
mi propia = (*fem.*) my own	mi propio – mi propia
la habitación = room	
comparto = I share	*verb:* compartir = to share
no cabemos = we don't fit	*verb:* caber = to fit
ya = anymore	*also:* already
los dos = both	*also:* ambos
pequeño = small	pequeño – pequeña
doble = double	
las camas = beds	*singular:* la cama
los escritorios = desks	*singular:* el escritorio

las sillas = chairs	*singular:* la silla
los armarios = closets	*singular:* el armario
tienes razón = you are right	tener razón
no veo la hora = I can't wait	
nuevo = *(masc.)* new	nuevo – nueva
ya = already	*also:* ya = anymore, *as we saw previously in this chapter*
las cajas = boxes	*singular:* la caja
vas a cargarlas = you will carry them	*verb:* cargar = to carry
ayudaremos = we will help	*verb:* ayudar
lo más que podamos = as much as we can	
ligeras = *(fem., plural)* light	ligero – ligera
pesadas = *(fem., plural)* heavy	pesado – pesada
levantarlas = to lift them, pick them up	*verb:* levantar = to lift, pick up
me alegro = I am glad	
lamento = I am sorry	
el regalito = little present	el regalo = present, gift
deseo = I wish	*verb:* desear = to wish *also:* to desire
feliz cumpleaños = happy birthday	el cumpleaños = birthday
chau = bye	

NOTAS – NOTES

EJERCICIOS – EXERCISES

1. ¿Verdadero o falso? – True or false?

		Verdadero	**Falso**
a.	Ignacio y su familia se están mudando a una casa más pequeña.	☐	☐
b.	Ignacio y Héctor van a tener habitaciones separadas en la nueva casa.	☐	☐
c.	Elena e Ignacio están hablando en el patio de la escuela.	☐	☐
d.	Ignacio y Elena son compañeros de clase.	☐	☐
e.	La nueva casa de Ignacio tiene cuatro cuartos de baño y desván.	☐	☐
f.	El domingo, Elena festeja su cumpleaños.	☐	☐
g.	Ignacio no irá a la fiesta de Elena.	☐	☐
h.	Ignacio no comprará regalo para Elena porque no irá a su fiesta.	☐	☐
i.	El padre de Ignacio cargará todas las cajas.	☐	☐
j.	Ignacio no ve la hora de ir a su nueva casa.	☐	☐

2. Completa los espacios en blanco. – Fill in the blanks.

> lamenta - ligeras - cumpleaños - irá - nueva - regalito - compañera - cosas - habitación - mudará

a. La _____ casa de Ignacio tiene jardín y desván.

b. Elena festeja su _____ este sábado.

c. Ignacio ha puesto todas sus _____ en cajas.

d. Elena es _____ de clase de Ignacio.

e. Ignacio y Héctor cargarán las cajas pequeñas y _____.

f. Ignacio no _____ a la fiesta de Elena.

g. Ahora Ignacio no tiene su propia _____.

h. Ignacio se _____ el fin de semana.

i. Elena _____ que Ignacio no pueda ir a su fiesta.

j. Ignacio comprará un _____ para Elena por su cumpleaños.

3. Une las palabras a la izquierda con sus opuestos a la derecha. – Match the words on the left with their opposites on the right.

a.	pequeño	lamento
b.	más	voy
c.	ligero	lejos
d.	buena	grande
e.	vengo	viejo
f.	me alegro	menos
g.	nuevo	mala
h.	mucho	poco
i.	cerca	pesado

4. Selecciona la respuesta correcta. – Choose the right answer.

a. Ignacio y su familia se están mudando:

    i. a una casa más grande
    ii. a una casa más pequeña
    iii. lejos de su casa actual
    iv. a una casa sin jardín

b. La nueva casa de Ignacio:

   i. tiene un salón pequeño
   ii. tiene tres cuartos de baño
   iii. no tiene jardín
   iv. no tiene desván

c. En la habitación de Ignacio hay:

   i. dos camas
   ii. tres escritorios
   iii. cuatro sillas
   iv. tres armarios

d. Elena:

   i. festeja su cumpleaños este domingo
   ii. se muda el fin de semana
   iii. ayudará a Ignacio con la mudanza
   iv. lamenta que Ignacio no pueda ir a su fiesta

e. Ignacio y su hermano:

   i. comparten armario
   ii. comparten habitación
   iii. cargarán todas las cajas pesadas
   iv. no ayudarán con la mudanza

RESPUESTAS A LOS EJERCICIOS – ANSWERS TO THE EXERCISES

1. a. Falso, b. Verdadero, c. Falso, d. Verdadero, e. Falso, f. Falso, g. Verdadero, h. Falso, i. Falso, j. Verdadero

2. a. nueva, b. cumpleaños, c. cosas, d. compañera, e. ligeras, f. irá, g. habitación, h. mudará, i. lamenta, j. regalito

3. a. pequeño – grande, b. más – menos, c. ligero – pesado, d. buena – mala, e. vengo – voy, f. me alegro – lamento, g. nuevo – viejo, h. mucho – poco, i. cerca – lejos

4. a. i. a una casa más grande
   b. ii. tiene tres cuartos de baño
   c. i. dos camas
   d. iv. lamenta que Ignacio no pueda ir a su fiesta
   e. ii. comparten habitación

Fin del 3.er capítulo

¡Muy bien!

Capítulo 4 – Chapter 4

Pasatiempos
Hobbies

Héctor está hablando con su amigo Manuel de sus pasatiempos.

Héctor: Manuel, ¿tienes algún pasatiempo?

Manuel: **Varios. Natación, karate, guitarra**... ¿Por qué preguntas?

Héctor: Para **sacar ideas**.

Manuel: **¿Qué quieres decir?** ¿Tú no tienes pasatiempos?

Héctor: Tengo. **Mejor dicho**, tenía. En nuestra casa anterior, teníamos **piscina**. Nadaba **casi todos los días**.

Manuel: ¿Y ahora? ¿Ya no nadas?

Héctor: No, en la nueva casa no tenemos piscina. ¿Vosotros tenéis?

Manuel: No.

Héctor: ¿Y dónde nadas?

Manuel: ¡En la piscina pública! Hay una muy grande en mi **barrio**. Y, **por supuesto**, en el verano nado en el mar.

Héctor: ¡Buena idea! Voy a pedirle a mi mamá **que me inscriba** en la piscina pública. ¿Y la guitarra? ¿Dónde aprendes a tocar? ¿Vas a alguna **escuela de música**?

Manuel: No, un **maestro** viene a casa. Mi hermano va a la escuela de música. Él aprende **a tocar el piano**.

Héctor: Mi mamá quiere que yo aprenda a tocar el piano, pero a mí no me gusta nada. Prefiero el **violín** y la guitarra. En general, me gustan los **instrumentos de cuerda**.

Manuel: ¿De veras? ¿Te gusta el violín?

Héctor: ¡Muchísimo! Mi papá sabe tocarlo muy bien.

Manuel: ¿Y por qué no **te enseña**?

Héctor: Dice que **todavía** soy muy pequeño. Me enseñará cuando **crezca** un poco. Dice que también me enseñará a jugar al **tenis**.

Manuel: Natación, violín, tenis… ¿Te **dará tiempo** de estudiar para la escuela?

Héctor: Claro que sí. A ti te da tiempo para hacer natación, karate y guitarra, ¿no?

Manuel: Es verdad. ¡**El que quiere puede**!

Héctor: ¡Exactamente!

VOCABULARIO – VOCABULARY

varios = various

la natación = swimming

el karate = karate

la guitarra = guitar

sacar ideas = to get ideas

¿qué quieres decir? = what do you mean?

mejor dicho = or rather, or to put it another way

la piscina = pool

(yo) solía nadar = I used to swim   *verbs:* soler, nadar

casi = almost

todos los días = every day   *also:* cada día

la piscina pública = public pool

el barrio = neighborhood

por supuesto = of course

que me inscriba = to register me   *verb:* inscribirse = to register, to sign up

la escuela de música = music school

el maestro = teacher, instructor

tocar el piano = to play the piano

el violín = violin

los instrumentos de cuerda = string instruments   el instrumento = instrument
la cuerda = string, rope, cord

te enseña = teaches you   enseñar algo a alguien = to teach something to somebody

todavía = still   todavía soy muy pequeño = I'm still very little/young cuando crezca = when I grow up   *verb:* crecer = to grow, grow up

el tenis = tennis

te dará tiempo = you will have time   me da tiempo (de/para/a hacer algo) = I have time (to do something)

el que quiere puede = *(expression)* where there's a will there's a way

NOTAS – NOTES

EJERCICIOS – EXERCISES

1. ¿Verdadero o falso? – True or false?

		Verdadero	**Falso**
a.	Héctor tiene muchos pasatiempos.	☐	☐
b.	Manuel sabe tocar la guitarra.	☐	☐
c.	Héctor nada casi todos los días.	☐	☐
d.	La nueva casa de Héctor tiene piscina.	☐	☐
e.	En verano, Manuel nada en el mar.	☐	☐
f.	Héctor quiere inscribirse en la piscina pública.	☐	☐
g.	El hermano de Héctor está aprendiendo a tocar el piano.	☐	☐
h.	A Héctor le gustan los instrumentos de cuerda, como el violín.	☐	☐
i.	El padre de Héctor sabe tocar el violín muy bien.	☐	☐
j.	Héctor está aprendiendo a jugar al tenis.	☐	☐
k.	¡El que quiere puede!	☐	☐

2. Pon las palabras en el orden correcto para formar frases. – Put the words in the right order to make sentences.

a. tenemos – en – piscina – no – casa – nueva – la

b. barrio – piscina – grande – hay – mi – una – pública – en

c. nuestra – todos – casi – anterior – días – en – nadaba – casa – los

d. piscina – en – a – nadar – aprendo – pública – la

e. el – mar – en – nado – verano – en

f. en – tocar – escuela – guitarra – la – instrumentos – la – otros – y – aprendemos – de – música – a

g. yo – aprenda – el – mamá – quiere – a – piano – mi – que – tocar

h. aprenderé – cuando – a – tenis – crezca – jugar – al

3. Escribe las palabras en plural. – Write the words in the plural.

a. la guitarra _____

b. la piscina _____

c. el pasatiempo _____

d. el barrio _____

e. el verano _____

f. la escuela de música _____

g. el maestro _____

h. el piano _____

i. el violín _____

j. el papá _____

4. Pon los verbos en primera persona del singular, en presente.
– Put the verbs in the 1st person singular, in the present tense.

a. (él) habla _____

b. (tú) preguntas _____

c. quieres decir _____

d. (yo) solía _____

e. aprendes _____

f. viene _____

g. quiere _____

h. sabe _____

i. (él) enseña _____

j. estudiar _____

5. Selecciona la respuesta correcta. – Choose the right answer.

a. Manuel está aprendiendo:

   i. a tocar el piano
   ii. karate
   iii. a jugar al tenis
   iv. a tocar el violín

b. Héctor:

   i. tiene varios pasatiempos
   ii. nada casi todos los días
   iii. quiere aprender a tocar el piano
   iv. quiere aprender a tocar el violín

c. Héctor:

   i. va a la escuela de música
   ii. va a la piscina pública
   iii. ya no nada
   iv. no sabe nadar

d. El papá de Héctor sabe:

   i. tocar el violín y jugar al tenis
   ii. tocar el piano y la guitarra
   iii. natación y karate
   iv. nadar y tocar el violín

RESPUESTAS A LOS EJERCICIOS – ANSWERS TO THE EXERCISES

1. a. Falso, b. Verdadero, c. Falso, d. Falso, e. Verdadero, f. Verdadero, g. Falso, h. Verdadero, i. Verdadero, j. Falso, k. Verdadero

2. a. En la nueva casa no tenemos piscina. / No tenemos piscina en la nueva casa.
   b. Hay una piscina pública grande en mi barrio. / En mi barrio hay una piscina pública grande.
   c. En nuestra casa anterior, nadaba casi todos los días.
   d. Aprendo a nadar en la piscina pública.
   e. En verano nado en el mar.
   f. En la escuela de música aprendemos a tocar la guitarra y otros instrumentos.
   g. Mi mamá quiere que aprenda a tocar el piano.
   h. Cuando crezca, aprenderé a jugar al tenis.

3. a. las guitarras, b. las piscinas, c. los pasatiempos, d. los barrios, e. los veranos, f. las escuelas de música, g. los maestros, h. los pianos, i. los violines, j. los papás

4. a. hablo, b. pregunto, c. quiero decir, d. suelo, e. aprendo, f. vengo, g. quiero, h. sé, i. enseño, j. estudio

5. a. ii. karate,
   b. iv. quiere aprender a tocar el violín
   c. iii. ya no nada
   d. i. tocar el violín y jugar al tenis

Fin del 4.º capítulo

¡Impresionante!

Capítulo 5 – Chapter 5

Nuestro patio
Our yard

Nuestro patio es **bastante** grande. No es el más grande que he visto, por supuesto, pero para nosotros **es más que suficiente**. Tenemos **césped**, que papá **corta** cada tres o cuatro semanas. Dice que no ve la hora de que Héctor y yo crezcamos para que lo cortemos nosotros.

Un **rincón** del patio es **exclusivamente** de mi mamá. Ahí ella **ha plantado** unas **flores hermosas: rosas, claveles, gardenias** y **dalias**. Creo que ese rincón con el **jardincito** de mamá es **el sitio más bonito** del patio.

Un poco más allá, papá ha plantado **tomates** y **lechugas**. También **está pensando** en plantar **pepinos** y **calabacines**. «¿Por qué **comprar** todas las **verduras** en el **supermercado** o la **verdulería** cuando tenemos una **huerta** tan grande?», dice. **Lo malo es que** él nunca tiene tiempo para **regar** sus verduras y siempre nos **manda** a Ignacio y a mí. **Menos mal** que mamá **cuida** ella misma de su jardincito.

En el patio, está también nuestra **canasta de baloncesto**. Ignacio y yo jugamos muy **a menudo**. A veces **invitamos** a unos amigos. Es más **divertido** con **equipos** más grandes. Pero siempre tenemos que jugar **con mucho cuidado** porque si el balón **aterriza** en las flores de mamá, sus **gritos** se oirán hasta **la luna**. **¡No quiero ni pensarlo!**

VOCABULARIO – VOCABULARY

bastante = quite	
es más que suficiente = it's more than enough	
el césped = grass	
(el) corta = (he) cuts/mows	*verb:* cortar = to cut
el rincón = corner	
exclusivamente = exclusively	
ha plantado = has planted	*verb:* plantar = to plant
las flores = flowers	*singular:* la flor
hermosas = *(fem. pl.)* beautiful	hermoso – hermosa
las rosas = roses	*singular:* la rosa
los claveles = carnations	*singular:* el clavel
las gardenias = gardenias	*singular:* la gardenia
las dalias = dahlias	*singular:* la dalia
el jardincito = little garden	*diminutive of:* el jardín
el (X) más bonito = the most beautiful (X)	bonito – bonita
el sitio = spot, place	
los tomates = tomatoes	*singular:* el tomate
las lechugas = lettuces	*singular:* la lechuga
está pensando... = he is thinking of ...	*verb:* pensar (hacer algo)
los pepinos = cucumbers	*singular:* el pepino
los calabacines = zucchinis	*singular:* el calabacín
comprar = to buy	
las verduras = vegetables	*singular:* la verdura

el supermercado = supermarket	
la verdulería = greengrocer's, grocery store	
la huerta = vegetable garden	*also:* el huerto
lo malo es que... = the bad thing is that ...	
regar = to water	
manda = sends	*verb:* mandar
menos mal = luckily	*also:* afortunadamente
cuida = takes care of	*verb:* cuidar
la canasta de baloncesto = basket, basketball stand	
a menudo = often	
invitamos = we invite	*verb:* invitar
divertido = fun, enjoyable	divertido – divertida
con mucho cuidado = with a lot of caution, very carefully	
aterriza = it lands	*verb:* aterrizar
los gritos = the screams, yells	*singular:* el grito
la luna = the moon	
no quiero ni pensarlo = I don't even want to think about it	¡Ni lo pienses! = Don't even think about it!

NOTAS – NOTES

EJERCICIOS – EXERCISES

1. ¿Verdadero o falso? – True or false?

		Verdadero	Falso
a.	El jardín de Ignacio y Héctor es bastante pequeño.	☐	☐
b.	Papá corta la hierba cada semana.	☐	☐
c.	Mamá ha plantado tomates y lechugas en el jardín.	☐	☐
d.	El jardincito de mamá está en el rincón del patio.	☐	☐
e.	Ignacio y Héctor juegan al tenis a menudo en el patio.	☐	☐
f.	Papá quiere plantar calabacines.	☐	☐
g.	Papá no quiere comprar verduras en el supermercado.	☐	☐
h.	Compramos verduras en el supermercado o en la verdulería.	☐	☐
i.	El baloncesto es más divertido cuando los equipos son pequeños.	☐	☐
j.	Mamá ha plantado rosas, tulipanes y claveles en su jardincito.	☐	☐

2. Completa los espacios en blanco. – Fill in the blanks.

> cuida - tiempo - bonito - flores - pensando - juegan - balón - exclusivamente

a. Mamá ha plantado unas _____ hermosas en el jardín.

b. Papá no tiene _____ para regar sus verduras.

c. Mamá _____ ella misma sus flores.

d. Héctor e Ignacio _____ al baloncesto a menudo.

e. Cuando el _____ cae en las flores de mamá, ella grita.

f. El jardincito de mamá es el sitio más _____ del patio.

g. Papá está _____ plantar calabacines y pepinos.

h. Un rincón del patio es _____ de mamá.

3. Une las palabras a la izquierda con las palabras opuestas a la derecha. – Match the words on the left with their opposite on the right.

a. más grande   desafortunadamente

b. hermoso   nunca

c. malo   menos

d. menos mal   poco

e. siempre   casi nunca

f. a menudo   más pequeño

g. más   bueno

h. mucho   feo

4. Escribe las palabras en singular. – Write the words in the singular.

a. los jardines   _____

b. las semanas   _____

c. los rincones   _____

d. las flores   _____

e. las rosas   _____

f. las gardenias   _____

g. los tomates   _____

h. las lechugas   _____

i. los calabacines   _____

j. los amigos   _____

5. Selecciona la respuesta correcta. – Choose the right answer.

a. En el patio de Ignacio y Héctor hay:

   i.   muchas verduras
   ii. muchos pepinos y calabacines
   iii. flores por todas partes
   iv. mucho césped

b. Papá corta la hierba:

   i.   cada tres semanas
   ii. cada cuatro semanas
   iii. cada tres o cuatro días
   iv. cada tres o cuatro semanas

c. El jardincito de mamá es:

   i.   el sitio más alto del patio
   ii. el sitio más grande del patio
   iii. el sitio más verde del patio
   iv. el sitio más lindo del patio

d. Ignacio y Héctor:

   i.   invitan a menudo a sus compañeros de clase a jugar al baloncesto
   ii. juegan a menudo al baloncesto con su papá
   iii. invitan a sus amigos a jugar al baloncesto
   iv. juegan con cuidado para que el balón no aterrice en las verduras

RESPUESTAS A LOS EJERCICIOS – ANSWERS TO THE EXERCISES

1. a. Falso, b. Falso, c. Falso, d. Verdadero, e. Falso,
   f. Verdadero, g. Verdadero, h. Verdadero, i. Falso, j. Falso

2. a. flores, b. tiempo, c. cuida, d. juegan, e. balón,
   f. bonito, g. pensando, h. exclusivamente

3. a. más grande – más pequeño, b. hermoso – feo,
   c. malo – bueno, d. menos mal – desafortunadamente,
   e. siempre – nunca, f. a menudo – casi nunca,
   g. más – menos, h. mucho – poco

4. a. el jardín, b. la semana, c. el rincón, d. la flor,
   e. la rosa, f. la gardenia, g. el tomate,
   h. la lechuga, i. el calabacín, j. el amigo

5. a. iv. mucho césped
   b. iv. cada tres o cuatro semanas
   c. iv. el sitio más bonito del patio
   d. iii. invitan a sus amigos a jugar al baloncesto

Fin del 5.º capítulo

¡Vas muy bien!

Capítulo 6 – Chapter 6

¿Dónde trabajas?
Where do you work?

María se encuentra **por casualidad** con su amiga Laura en la calle.

María: ¡Laura! ¡Hola!

Laura: ¡Hola, María!

María: ¿Cómo estás? Hace **mucho tiempo** que no te veo.

Laura: Muy bien. ¿Y tú? ¿Tu **esposo**? ¿Los niños?

María: Todos estamos bien. Los niños han crecido. Ya van a la escuela. ¡Les gusta mucho!

Laura: ¡Qué bien! Me alegro. ¿Aún trabajas en el **periódico**?

María: Ya no. Encontré otro **trabajo**.

Laura: ¿De verdad? ¿Dónde trabajas ahora?

María: En la **revista** Nuevo **ritmo**.

Laura: Es una revista de **música**, ¿**no es así**?

María: Sí, exactamente. **Me cansé** de escribir sobre **temas políticos** durante tantos años para el periódico. **Prefiero** la música.

Laura: ¿Y sobre qué temas escribes?

María: Varios. Escribo sobre **compositores** de **música clásica**, compositores **contemporáneos**, **letristas**, **cantantes**, varios **géneros** de música y muchos otros temas.

Laura: **¡Suena** muy **interesante**!

María: Lo es. Y tú, ¿dónde trabajas?

Laura: Yo, **desafortunadamente**, estoy **en el paro hace tres meses**.

María: Lo siento.

Laura: Ni te cuento. Las cosas están muy **difíciles**. Estoy **buscando empleo**.

María: ¿Qué tipo de empleo buscas?

Laura: **Secretaria**. Donde sea.

María: **Lo tendré en cuenta**. En la **empresa** de mi **marido**, creo que **están contratando**. Le **preguntaré** y te diré.

Laura: Mil gracias.

María: No hay de qué. Bueno, me voy porque Alejandro y los niños me **están esperando** en casa.

Laura: Ha sido un placer enorme verte de nuevo después de tanto tiempo. Mis **saludos** a Alejandro y **besitos** para los niños.

María: Se los daré. Hasta luego, **querida**.

Laura: Hasta luego.

VOCABULARIO – VOCABULARY

trabajas = you work	*verb:* trabajar
se encuentra con = meets with	*verb:* encontrar(se)
por casualidad = by chance	
mucho tiempo = a long time	hace mucho tiempo que no te veo = I haven't seen you in a long time
tu esposo = your husband	*a little more formal than* tu marido
el periódico = newspaper	
el trabajo = job, work	encontré otro trabajo = I found another job encontrar trabajo = to find a job
la revista = magazine	
el ritmo = rhythm	
la música = music	
¿no es así? = isn't it so?	
me cansé = I got tired	*verb:* cansar(se)
los temas = issues, topics	*singular:* el tema
políticos = *(masc. pl.)* political	político – política
prefiero = I prefer	
los compositores = composers	*singular:* el compositor
la música clásica = classical music	
contemporáneos = contemporary	contemporáneo – contemporánea
los letristas = lyricists	*singular:* el letrista
los cantantes = singers	*singular:* el cantante
los géneros = types, genres	*singular:* el género *also:* el género = *gender*
suena = it sounds	*verb:* sonar
interesante = interesting	

desafortunadamente = unfortunately	*opposite:* afortunadamente, por suerte = fortunately
el paro = unemployment	estar en el paro, estar en paro *also:* estar desempleado – desempleada = to be unemployed
hace tres meses = for three months now	hace una hora, hace dos semanas, hace cuatro años...
difíciles = *(pl.)* difficult	difícil *(masc., fem.)*
estoy buscando = I am looking for, I'm searching	estoy buscando empleo = I'm looking for a job
el empleo = employment, job	*similar to* el trabajo
donde sea = anywhere	*also:* en cualquier sitio
lo tendré en cuenta = I will keep it in mind	*also:* lo tendré presente
la empresa = company	
el marido = husband	*less formal than* el esposo
están contratando = they are hiring	*verb:* contratar
preguntaré = I will ask	*verb:* preguntar
están esperando = they are waiting	*verb:* esperar
los saludos = greetings, regards	*singular:* el saludo
los besitos = little kisses	*diminutive of* los besos = kisses *singular:* el beso
querida = *(fem.)* my dear	querido – querida

NOTAS – NOTES

EJERCICIOS – EXERCISES

1. ¿Verdadero o falso? – True or false?

		Verdadero	Falso
a.	María y Laura son compañeras de trabajo.	☐	☐
b.	A los niños de Laura les gusta mucho la escuela.	☐	☐
c.	María ya no trabaja en el periódico.	☐	☐
d.	María escribe sobre temas políticos.	☐	☐
e.	María prefiere los temas musicales a los temas políticos.	☐	☐
f.	Laura está en el paro hace dos meses.	☐	☐
g.	Laura está buscando trabajo en una empresa grande.	☐	☐
h.	Laura quiere trabajar como secretaria.	☐	☐
i.	María trabaja en el periódico *Nuevo ritmo*.	☐	☐
j.	María escribe sobre compositores clásicos y contemporáneos.	☐	☐

2. Pon los verbos en primera persona del singular, en presente.
 – Put the verbs in the 1st person singular, in the present tense.

a. trabajas   _____

b. se encuentra   _____

c. han crecido   _____

d. encontré   _____

e. me cansé   _____

f. escribes   _____

g. suena   _____

h. tendré   _____

i. contratan   _____

j. preguntaré   _____

k. diré   _____

l. ha sido   _____

m. daré   _____

3. Pon las palabras en el orden correcto para formar frases. – Put the words in the right order to make sentences.

a. | veo – no – que – hace – tiempo – te |

b. | a – escuela – los – niños – crecido – y – la – han – van |

c. | periódico – en – ya – trabajo – no – el |

d. | temas – de – sobre – me – cansé – políticos – escribir |

e. | hace – meses – en el paro – tres – estoy – desafortunadamente |

f. | un – verte – sido – ha – placer |

g. | los – esposo – y – niños – a – saludos – tu – besitos – para |

4. Selecciona la respuesta correcta. – Choose the right answer.

a. María:

　　i.　es secretaria
　　ii.　trabaja en un periódico
　　iii.　trabaja en una revista
　　iv.　está desempleada

b. María y Laura:

　　i.　se encuentran a menudo
　　ii.　casi nunca se encuentran
　　iii.　hablan a menudo por teléfono
　　iv.　se ven cada tres meses

c. En la revista, María escribe:

　　i.　sobre políticos
　　ii.　sobre compositores
　　iii.　sobre secretarias
　　iv.　canciones

d. Laura quiere trabajar:

　　i.　en la revista *Nuevo ritmo*
　　ii.　en un periódico
　　iii.　en la empresa de Alejandro
　　iv.　donde sea

RESPUESTAS A LOS EJERCICIOS – ANSWERS TO THE EXERCISES

1. a. Falso, b. Falso, c. Verdadero, d. Falso, e. Verdadero, f. Falso, g. Falso, h. Verdadero, i. Falso, j. Verdadero

2. a. (yo) trabajo, b. me encuentro, c. crezco, d. encuentro, e. me canso, f. escribo, g. sueno, h. tengo, i. contrato, j. pregunto, k. digo, l. soy, m. doy

3. a. Hace mucho tiempo que no te veo.
   b. Los niños han crecido y van a la escuela.
   c. Ya no trabajo en el periódico.
   d. Me cansé de escribir sobre temas políticos.
   e. Desafortunadamente, estoy en el paro hace tres meses.
   f. Ha sido un placer verte.
   g. Saludos a tu esposo y besitos para los niños.

4. a. iii. trabaja en una revista
   b. ii. casi nunca se encuentran
   c. ii. sobre compositores
   d. iv. donde sea

Fin del 6.º capítulo

¡Genial!

Capítulo 7 – Chapter 7

¿Qué vamos a comer hoy?
What are we eating today?

Héctor: Mamá, ¿qué **comida** has preparado para hoy?

Mamá: Ninguna.

Ignacio: ¿Qué quieres decir?

Mamá: Quiero decir que todavía no **he cocinado**. ¿Qué queréis que **os prepare**?

Héctor: ¡Lasaña!

Ignacio: ¿Otra vez? **Anteayer** comimos lasaña.

Héctor: Sí, pero es mi comida **favorita**.

Ignacio: ¡Pero no la mía!

Héctor: Sí, ya sé, lo único que a ti te gusta comer son **patatas fritas** y **hamburguesas**.

Ignacio: O patatas con **chorizos, me da igual**.

Héctor: Vale, por mí **no hay problema**.

Mamá: Pero por mí, sí. No tenemos chorizos. Tampoco me da tiempo de **descongelar carne molida** para hamburguesas.

Héctor: Tú, mamá, ¿qué quieres preparar?

Mamá: Algo fácil y rápido. Por ejemplo, **espinaca**. Hace mucho que no la comemos.

Ignacio: ¿Qué? ¡No, por favor!

Mamá: ¿Por qué? Si os gusta así como lo preparo, con mucho **limón** y **arroz**. **Además** es muy **saludable**.

Ignacio: Los chorizos también son saludables.

Mamá: ¡No me parece! **Sobre todo en combinación con** patatas fritas.

Héctor: **Por eso os digo**, lasaña. Es una **solución intermedia**. Es **sabrosa** y saludable. O al menos pasta con carne picada.

Mamá: Ya os dije, no me da tiempo de descongelar la carne.

Héctor: Entonces con **salsa de tomate**.

Ignacio: Sí, yo **estoy de acuerdo**.

Mamá: ¡Qué bien que vosotros dos estáis de acuerdo! ¿Habéis **pensado en** papá? No le gusta la pasta.

Héctor: Papá siempre quiere comer verduras. Calabacines, **berenjenas, judías verdes, quimbombó**...

Mamá: Hay que comer **de todo**. Es bueno tener una **dieta equilibrada**. Tenemos que comer verduras, **legumbres, pescado, carne, pollo**...

Ignacio: Paulina, mi compañera de clase, me ha dicho que en su casa nunca se come carne. Son **vegetarianos**. ¿Nosotros por qué no lo somos?

Mamá: ¿Quieres ser vegetariano? Perfecto, ya no **vuelvo a hacer** ni chorizos ni hamburguesas.

Ignacio: ¿Qué? ¡De ninguna manera!

...

Suena el teléfono

...

Mamá: ¿Sí?

Papá: Hola, María, soy yo. No cocines nada, **llevo** pizza.

Mamá: ¡Perfecto! ¡**Me has salvado**! No te olvides de pedir que no pongan **hongos**, los niños no los comen.

Papá: No, solamente jamón, queso, **pimiento verde** y **tomate**.

Mamá: Y **aceitunas**.

Papá: Está bien. **En media hora** estoy ahí.

Mamá: **Te esperamos**. Hasta pronto.

Ignacio: ¿Entendí bien? ¿Papá está trayendo pizza?

Mamá: Entendiste bien. Tenéis **suerte**. Yo también.

Héctor: ¡Buenísimo!

Ignacio: ¡**Hurra**!

VOCABULARIO – VOCABULARY

comer = to eat	
la comida = food	
has preparado = you have prepared	*verb:* preparar = to prepare
he cocinado = I have cooked	*verb:* cocinar = to cook
que os prepare = to prepare for you	
otra vez = again	
anteayer = the day before yesterday	
favorita = *(fem.)* favorite	favorito – favorita
las patatas fritas = French fries	*in Latin America:* papas fritas la patata = potato
las hamburguesas = hamburgers	*singular:* la hamburguesa
los chorizos = sausages	*singular:* el chorizo
me da igual = it's the same to me	*also:* me es lo mismo
no hay problema = there is no problem	
descongelar = to defrost	
carne molida = ground meat	*also:* carne picada
la espinaca = spinach	
el limón = lemon	
el arroz = rice	
además = besides	
saludable = healthful	
sobre todo = especially	
en combinación con = in combination with	la combinación = combination
por eso os digo = that's why I'm telling you	
una solución intermedia = a middle-ground solution	
sabroso = *(masc.)* tasty	sabroso – sabrosa *also:* rico – rica

la salsa de tomate = tomato sauce	
estoy de acuerdo = I agree	estar de acuerdo = to agree
¿habéis pensado en…? = did you think/have you thought about …, did you consider …?	*verb:* pensar = I think, ponder
las berenjenas = eggplants	*singular:* la berenjena
las judías verdes = green beans	*singular:* la judía verde
el quimbombó = okra	*singular: (unchanged)* el quimbombó
es bueno… = it's good to …	
equilibrada = *(fem.)* balanced	equilibrado – equilibrada
la dieta = diet, nutrition	
las legumbres = legumes	
el pescado = fish	
la carne = meat	
el pollo = chicken	
vegetarianos = *(masc. pl.)* vegetarian	*singular:* vegetariano – vegetariana
vuelvo a hacer = make again	volver a + *infinitivo*
de ninguna manera = no way	
suena el teléfono = the phone rings	*also:* el teléfono suena
llevo = I bring	*verb:* llevar = to bring
me has salvado = you've saved me	*verb:* salvar = to save
los hongos = mushrooms	*singular:* el hongo
el jamón = ham	
el queso = cheese	
el pimiento verde = green pepper	*also:* el ají
las aceitunas = olives	*singular:* la aceituna
en media hora = in half an hour	medio – media = half
te esperamos = we are waiting for you	*verb:* esperar = to wait
la suerte = luck	tener suerte = to be lucky, to have luck
hurra = hooray	

NOTAS - NOTES

EJERCICIOS – EXERCISES

1. ¿Verdadero o falso? – True or false?

		Verdadero	Falso
a.	Hoy mamá va a cocinar lasaña.	☐	☐
b.	La lasaña es la comida favorita de Ignacio y Héctor.	☐	☐
c.	A Ignacio le gustan los chorizos y las patatas fritas.	☐	☐
d.	Mamá quiere preparar espinaca hoy.	☐	☐
e.	Ignacio y Héctor comieron espinaca anteayer.	☐	☐
f.	Los chorizos son muy saludables, sobre todo con patatas fritas.	☐	☐
g.	Al padre de Ignacio y Héctor no le gusta la pasta.	☐	☐
h.	Papá es vegetariano.	☐	☐
i.	Hoy papá va a traer pizza.	☐	☐
j.	A Ignacio y a Héctor les gusta mucho la pizza con jamón, queso, tomate y hongos.	☐	☐

2. Pon los verbos en primera persona del singular, en presente.
- Put the verbs in the 1st person singular, in the present tense.

a. comeremos _____

b. he cocinado _____

c. prepararé _____

d. comimos _____

e. descongelar _____

f. dije _____

g. gusta _____

h. habéis pensado _____

i. estáis _____

j. suena _____

k. salvaste _____

l. esperamos _____

m. entendiste _____

3. Pon las palabras en plural. – Put the words in the plural.

a. la comida _____

b. la patata _____

c. la hamburguesa _____

d. el limón _____

e. la solución _____

f. la berenjena _____

g. el pescado _____

h. la carne _____

i. la pizza _____

j. el queso _____

k. el pimiento verde _____

l. el tomate _____

4. Completa los espacios en blanco. – Fill in the blanks.

> *mucho – fritas – dieta – ha – sin – traer – saludable – vegetarianos – descongelar – favorita*

a. Mamá no _____ cocinado todavía.

b. La lasaña es mi comida _____.

c. A Ignacio le gustan las patatas _____.

d. Mamá no tiene tiempo de _____ carne molida para hamburguesas.

e. Hace _____ que no comemos espinaca.

f. La espinaca es una comida muy _____.

g. Es bueno tener una _____ equilibrada.

h. En la casa de Paulina, no se come carne; ella y su familia son _____.

i. Nos gusta la pizza con jamón y queso, pero _____ hongos.

j. Hoy mamá no va a cocinar porque papá va a _____ pizza.

5. Pon las palabras en el orden correcto para formar frases. – Put the words in the right order to make sentences.

a. | comida – hoy – qué – sé – no – preparar |

b. | mi – judías verdes – son – comida – las – favorita |

c. | como – tiempo – que – hace – pasta – mucho – no |

d. | limón – me – con – la – y – queso – espinaca – gusta |

e. | saludables – las – son – patatas – no – muy – fritas |

f. | que – me – más – gusta – quimbombó – pizza – el – la |

RESPUESTAS A LOS EJERCICIOS – ANSWERS TO THE EXERCISES

1. a. Falso, b. Falso, c. Verdadero, d. Verdadero, e. Falso, f. Falso, g. Verdadero, h. Falso, i. Verdadero, j. Falso

2. a. (yo) como, b. cocino, c. preparo, d. como, e. descongelo, f. digo, g. gusto, h. pienso, i. estoy, j. sueno, k. salvo, l. espero, m. entiendo

3. a. las comidas, b. las patatas, c. las hamburguesas, d. los limones, e. las soluciones, f. las berenjenas, g. los pescados, h. las carnes, i. las pizzas, j. los quesos, k. los pimientos verdes, l. los tomates

4. a. ha, b. favorita, c. fritas, d. descongelar, e. mucho, f. saludable, g. dieta, h. vegetarianos, i. sin, j. traer

5. a. No sé qué comida preparar hoy.
   b. Las judías verdes son mi comida favorita.
   c. Hace mucho tiempo que no como pasta.
   d. Me gusta la espinaca con limón y queso. / La espinaca me gusta con limón y queso.
   e. Las patatas fritas no son muy saludables.
   f. La pizza me gusta más que el quimbombó.

Fin del 7.º capítulo

¡Bravo!

Capítulo 8 – Chapter 8

¿Qué quieres ser cuando seas grande?
What do you want to be when you grow up?

Ignacio está hablando con su amigo Diego en el **patio** de la escuela.

Ignacio:	Diego, ¿qué **quieres ser** cuando seas grande?
Diego:	Todavía no **he decidido**. **A lo mejor**, **veterinario**.
Ignacio:	**¿De veras?** ¿Y eso?
Diego:	**Adoro** los animales. Pero adoro también el **fútbol**, por eso no me decido. No sé si prefiero ser veterinario o **futbolista**.
Ignacio:	Creo que el fútbol es mucho más divertido. La veterinaria me parece que es muy **difícil**.
Diego:	**No me importa** que sea difícil, eso no **me asusta**. El fútbol también tiene sus **dificultades**.
Ignacio:	**Es verdad**. Por ejemplo, hay mucha **competencia**.

Diego: Exacto. ¿Tú qué quieres ser cuando seas grande?

Ignacio: **¡No tengo idea!** Lo único que **tengo claro** es que no quiero ser **abogado** como mi papá. Él está **constantemente estresado** y pasa horas **interminables** en su **despacho**. Me parece una **profesión** difícil y **al mismo tiempo** muy **aburrida**.

Diego: ¿No te gustaría ser **periodista** como tu madre?

Ignacio: **Lo estoy pensando**. Pero **la verdad es que** no me gusta mucho escribir.

Diego: ¿Y qué te gusta hacer?

Ignacio: Me encantan las **construcciones**. Podría ser **ingeniero**.

Diego: ¡Suena **interesante**! ¿Qué te gustaría **construir**? ¿**Puentes**? ¿**Edificios**?

Ignacio:	¡Todo! ¡Incluso **aviones**! Pero lo que más me gustaría es **diseñar** y construir grandes edificios.
Diego:	Entonces, tienes que decidir si quieres ser **arquitecto** o **ingeniero civil**.
Ignacio:	Sí. **Programador** también me gustaría. ¡Amo los **ordenadores**! Muchas cosas me gustarían. Por eso te digo, todavía no sé qué quiero ser.
Diego:	¿Héctor qué quiere ser?
Ignacio:	¿Mi hermano? ¡**Chef**! Lo decidió hace mucho tiempo. Dice que quiere abrir un gran **restaurante** en el **centro** de Valencia.
Diego:	Genial. ¡Iremos y comeremos **gratis**!

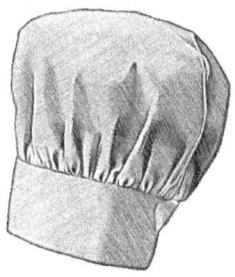

Ignacio:	Ja ja… **Veremos**. **Hasta ahora**, todas las veces que trató de **ayudar** a mamá en la **cocina**, **metió la pata**. La comida quedó **incomible**.
Diego:	Bueno, **espera**, **aún** es pequeño. **Aprenderá**.
Ignacio:	¿Tu primo no trabaja en un restaurante?

Diego:	Sí, pero no es chef. Es **camarero. Y eso, solamente en verano. Estudia traducción** al mismo tiempo.
Ignacio:	¡Mi tía es **traductora**! Dice que es una profesión muy **agradable**. Adora su **trabajo**. Me ha dicho que aprende algo nuevo con cada **texto** que **traduce**.
Diego:	No sé... Me da la **impresión** de que es un trabajo **agotador**.
Ignacio:	**Casi todos** lo son.
Diego:	Sí, tienes razón. Por eso tenemos que buscar algo que nos guste de verdad, para que el trabajo se haga con placer.
Ignacio:	Exactamente. Menos mal que todavía nos queda mucho tiempo para decidir.
Diego:	Sí, ¡menos mal!

VOCABULARIO – VOCABULARY

quieres ser = you want to be	
cuando seas grande = when you grow up	
he decidido = I have decided	*verb:* decidir todavía no he decidido = I have not decided yet
a lo mejor = probably	*also:* probablemente
el veterinario = *(masc.)* veterinarian	el veterinario – la veterinaria
de veras = really	*also:* de verdad
¿y eso? = how come?	
adoro = I adore	
los animales = animals	*singular:* el animal
el fútbol = soccer	
el futbolista = soccer player	*also:* el jugador de fútbol
difícil = difficult	
no me importa = I don't mind	*verb:* importar
no me asusta = it does not scare me	*verb:* asustar = to scare, to frighten
las dificultades = difficulties	*singular:* la dificultad
es verdad = that's true	la verdad = the truth
la competencia = competition	
no tengo idea = I have no idea	
claro = clear, obvious	lo tengo claro = I'm clear about it
el abogado = *(masc.)* lawyer	*fem.:* la abogada
constantemente = constantly	
estresado = *(masc.)* stressed	estresado – estresada

interminables = *(pl.)* endless	*singular:* interminable
el despacho = office	
la profesión = profession	
al mismo tiempo = at the same time	mismo – misma = same
el periodista = *(masc.)* journalist	*fem.:* la periodista *(same as masc., only the article changes)*
lo estoy pensando = I'm thinking about it, I'm considering it	
la verdad es que… = the truth is …	
las construcciones = constructions	
el ingeniero = *(masc.)* engineer	*fem.:* la ingeniera
interesante = interesting	suena interesante = it sounds interesting
construir = to construct, to build	
los puentes = bridges	*singular:* el puente
los edificios = buildings	*singular:* el edificio
los aviones = airplanes	*singular:* el avión
diseñar = to design	el diseño = the design
el arquitecto = architect	*fem.:* la arquitecta
el ingeniero civil = *(masc.)* civil engineer	*fem.:* la ingeniera civil
el programador = computer programmer	*fem.:* la programadora
los ordenadores = computers	*singular:* el ordenador *in Latin America:* la computadora, el computador
el chef = chef	
el restaurante = restaurant	
el centro = center	
gratis = free of charge	
veremos = we'll see	*verb:* ver
hasta ahora = so far, until now	

ayudar = to help	
la cocina = kitchen	
metió la pata = he messed up	*expression:* meter la pata = to mess up
incomible = inedible	*verb:* comer = to eat
espera = wait	*verb:* esperar = to wait
aún = still	
aprenderá = he will learn	*verb:* aprender = to learn
el camarero = waiter	*fem.:* la camarera *in Latin America:* el mesero – la mesera
y eso, solamente en verano = and that, only in the summer	
estudia = he studies	*verb:* estudiar = to study
la traducción = translation	
la traductora = *(fem.)* translator	*masc.:* el traductor
agradable = pleasant	
el trabajo = work, job	*verb:* trabajar = to work
el texto = text	
traduce = she translates	*verb:* traducir = to translate
la impresión = impression	me da la impresión de que… = tengo la impresión de que… = I have the impression that …
agotador = *(masc.)* tiring	agotador – agotadora
casi todos = *(masc. pl.)* almost all	casi todos – casi todas

NOTAS – NOTES

EJERCICIOS – EXERCISES

1. ¿Verdadero o falso? – True or false?

		Verdadero	**Falso**
a.	Diego ha decidido ser veterinario.	☐	☐
b.	Diego adora los animales.	☐	☐
c.	Ignacio dice que la veterinaria es difícil.	☐	☐
d.	En el fútbol, hay mucha competencia.	☐	☐
e.	Ignacio quiere ser abogado como su padre.	☐	☐
f.	El padre de Ignacio está siempre estresado.	☐	☐
g.	Ignacio ha decidido ser arquitecto o ingeniero civil.	☐	☐
h.	Héctor quiere ser chef.	☐	☐
i.	El primo de Diego es chef en un restaurante.	☐	☐
j.	La tía de Ignacio es traductora.	☐	☐

2. Une las palabras en la izquierda con su opuesto en la derecha. – Match the words on the left with their opposite on the right.

a. difícil   viejo

b. grande   la mentira

c. divertido   cerrar

d. la dificultad   desafortunadamente

e. la verdad   fácil

f. muchos   desagradable

g. abrir   aburrido

h. agradable   la facilidad

i. nuevo   ninguna

j. todas   pequeño

k. menos mal   pocos

3. Completa los espacios en blanco. – Fill in the blanks.

> *ordenadores - pata - decidido - ser - restaurante - agotador - prefiero - mismo - divertido - horas*

a. Cuando sea grande, quiero _____ veterinario.

b. _____ ser futbolista que arquitecto.

c. El fútbol profesional es _____, pero difícil.

d. Mi papá pasa _____ interminables en su despacho.

e. Me gustaría ser programador porque amo los _____.

f. Héctor quiere ser chef y abrir un _____.

g. Cada vez que Héctor ayuda en la cocina, mete la _____.

h. Mi prima es camarera y al _____ tiempo estudia arquitectura.

i. Aún no he _____ lo que quiero estudiar.

j. Pienso que la traducción es un trabajo _____.

4. Selecciona la respuesta correcta. – Choose the right answer.

a. Ignacio no quiere ser:

   i. programador
   ii. arquitecto
   iii. abogado
   iv. ingeniero civil

b. Héctor quiere ser:

   i. veterinario
   ii. futbolista
   iii. periodista
   iv. chef

c. La madre de Ignacio y Héctor es:

   i. chef
   ii. periodista
   iii. traductora
   iv. veterinaria

d. Ignacio:

   i. no ha decidido qué quiere ser cuando sea grande
   ii. ha decidido ser ingeniero
   iii. quiere abrir un restaurante en Valencia
   iv. quiere ser periodista como su padre

RESPUESTAS A LOS EJERCICIOS – ANSWERS TO THE EXERCISES

1. a. Falso, b. Verdadero, c. Verdadero, d. Verdadero, e. Falso, f. Verdadero, g. Falso, h. Verdadero, i. Falso, j. Verdadero

2. a. difícil – fácil, b. grande – pequeño, c. divertido – aburrido, d. la dificultad – la facilidad, e. la verdad – la mentira, f. muchos – pocos, g. abrir – cerrar, h. agradable – desagradable, i. nuevo – viejo, j. todas – ninguna, k. menos mal – desafortunadamente

3. a. ser, b. Prefiero, c. divertido, d. horas, e. ordenadores, f. restaurante, g. pata, h. mismo, i. decidido, j. agotador

4. a. iii. abogado
   b. iv. chef
   c. ii. periodista
   d. i. no ha decidido qué quiere ser cuando sea grande

Fin del 8.º capítulo

¡Excelente!

Capítulo 9 – Chapter 9

¡Tenemos perro!
We've got a dog!

Héctor: Ignacio, **se acerca** nuestro **cumpleaños**.

Ignacio: Sí, hace días que estoy pensando qué regalo **pedir** a mamá y papá.

Héctor: Yo **pienso pedir** una **bici**.

Ignacio: Pero tienes bici. **Igual** que yo.

Héctor: ¡Ya está **oxidada**! Además, ya **me queda muy pequeña**. La tuya también es pequeña y bastante **vieja**.

Ignacio: No me importa. Yo no quiero bici.

Héctor: ¿Y qué quieres?

Ignacio: ¡Un perro!

Héctor: ¿Qué? ¿Un perro? ¡Qué idea más genial!

Ignacio:	Sí, pero ¿me lo comprarán?
Héctor:	Si lo pedimos juntos, **tal vez** nos lo compren.
Ignacio:	¿Quieres decir un regalo **para los dos**? ¿Y la bici?
Héctor:	La bici, **el año que viene**. Un **cachorro** es mucho más divertido.
Ignacio:	Sí, pero no es solo diversión, es también una gran **responsabilidad**. ¿Quién **limpiará** cada vez que haga sus **necesidades** dentro de la casa?
Héctor:	¡Mamá!
Ignacio:	¿Y quién lo llevará al **veterinario** cuando sea **necesario**?
Héctor:	Mamá.
Ignacio:	¿Y nosotros qué haremos? ¿Solamente jugaremos con él?
Héctor:	No solo eso. También lo llevaremos de **paseo**.
Ignacio:	¿Todos los días?
Héctor:	¡Sí! **Un día tú, un día yo**. O **ambos** juntos. También le **daremos de comer**.
Ignacio:	¿Y quién le comprará comida?
Héctor:	Eeh… Mamá
Ignacio:	Muchas cosas tendrá que hacer mamá. No creo que **acepte** comprarnos un perro. **A menos que** le **prometamos** que limpiaremos nosotros cuando el cachorro **haga pis** o llene la casa de pelos, que compraremos nosotros su comida…

Héctor: ¿Con qué **dinero**?

Ignacio: ¡Le pediremos a papá!

Héctor: Me parece bien. **Intentémoslo**.

...

Tres meses después

...

Héctor: Ignacio, ¿vas a llevar al perro de paseo?

Ignacio: **No tengo ganas**. Llévalo tú.

Héctor: No puedo, **me duele** el pie.

Ignacio: ¿Por qué? ¿**Te lo golpeaste**?

Héctor: Sí.

Ignacio: ¿Dónde?

Héctor: En **la mesita** del salón.

Ignacio: ¡**Mentira**!

Héctor: **Te estoy diciendo la verdad**. Me duele.

Ignacio: ¿Le diste de comer?

Héctor: No, me olvidé.

Ignacio: ¡Yo también! ¡**Debe tener hambre**!

Héctor: Seguro. ¿Lo sacamos hoy a hacer pis?

Ignacio: Yo no. ¿Tú?

Héctor: **Yo tampoco**. ¡Te he dicho que me duele el pie!

Ignacio: ¿Pero cuándo te lo golpeaste?

Héctor: **No me acuerdo**.

Ignacio: Ah, no te acuerdas. Buena **excusa**.

Mamá: Chicos, vuestro cachorro hizo pis en la cocina. Ya limpié. Le di agua y comida, y ahora **estoy por** llevarlo de paseo. Solo una cosa os voy a decir: el año que viene, ¡olvidaros de la bicicleta!

VOCABULARY – VOCABULARY

se acercan = they are approaching	*verb:* acercarse
el cumpleaños = birthday	
pedir = to ask for, to request	
pienso pedir = I'm thinking of asking	*expression:* pienso + infinitivo = I'm thinking of (doing something)
la bici = bicycle	*short for:* la bicicleta
igual = same	igual que yo = same as me, as well as I
oxidada = rusted	oxidado – oxidada
pequeña = *(fem.)* small	pequeño – pequeña
me queda pequeña = it's too small for me	*expression:* me queda... el pantalón me queda grande = the pants are too big for me
vieja = *(fem.)* old	viejo – vieja
no me importa = I don't care	
tal vez = maybe	*also:* quizás
para los dos = for both (of us)	
el año que viene = next year	
el cachorro = puppy	
la responsabilidad = responsibility	
limpiará = will clean	*verb:* limpiar = to clean
cada vez que... = whenever, every time that ...	
las necesidades = needs	*expression:* hacer (sus) necesidades = to do one's business
el veterinario = vet	*fem.:* la veterinaria
necesario = necessary	
el paseo = stroll, walk	

un día tú, un día yo = we'll alternate	*literally:* un día tú, un día yo = one day you, one day me
daremos de comer = we will feed	dar de comer = to feed
que acepte = for him/her to accept	*verb:* aceptar = to accept
a menos que... = except if ..., unless ...	
a menos que prometamos = unless we promise	*verb:* prometer = to promise
cuando haga pis = when (he) pees	hacer pis = to pee *also:* mear, orinar
los pelos = hairs	*singular:* el pelo = hair
el dinero = money	
intentémoslo = let's try	*verb:* intentar
no tengo ganas = I don't feel like it, I'm not in the mood	
duele = hurts	*verb:* doler
¿te lo golpeaste? = did you hurt it?	*verb:* golpear = to hit (something) golpearse la mano = to hurt one's hand golpearse (*without object*) = to hurt oneself
la mesita = little table	*dinimutive of:* la mesa = table
la mentira = lie	
te estoy diciendo la verdad = I'm telling you the truth	decir la verdad = to tell the truth la verdad = the truth
debe tener hambre = he must be hungry	tener hambre = to be hungry
yo también = me too	
yo tampoco = me neither	
no me acuerdo = I don't remember	*verb:* acordarse (de algo)
la excusa = excuse	
estoy por = I'm getting ready to	*verb:* estar por (hacer algo) = estar para (hacer algo) = to be about to (do something)

NOTAS – NOTES

EJERCICIOS – EXERCISES

1. ¿Verdadero o falso? – True or false?

		Verdadero	**Falso**
a.	Ignacio quiere una bicicleta para su cumpleaños.	☐	☐
b.	Las bicicletas de Ignacio y Héctor son muy pequeñas.	☐	☐
c.	Héctor e Ignacio pedirán a su madre que les compre un perro.	☐	☐
d.	Cuando el cachorro haga sus necesidades dentro de la casa, Ignacio limpiará.	☐	☐
e.	Héctor e Ignacio llevarán al cachorro de paseo.	☐	☐
f.	Los niños pedirán dinero a su madre para comprar comida para el perro.	☐	☐
g.	El año que viene, mamá y papá comprarán bicicletas a los niños para su cumpleaños.	☐	☐
h.	Los niños no tienen ganas de llevar al perro de paseo.	☐	☐

2. Pon las palabras en plural. – Put the words in the plural.

a. el regalo　　　　　＿＿＿＿＿＿＿＿＿＿

b. la bicicleta　　　　＿＿＿＿＿＿＿＿＿＿

c. el perro　　　　　＿＿＿＿＿＿＿＿＿＿

d. la responsabilidad　＿＿＿＿＿＿＿＿＿＿

e. la casa　　　　　　＿＿＿＿＿＿＿＿＿＿

f. el veterinario　　　＿＿＿＿＿＿＿＿＿＿

g. el paseo　　　　　＿＿＿＿＿＿＿＿＿＿

h. el pelo　　　　　　＿＿＿＿＿＿＿＿＿＿

i. el pie　　　　　　＿＿＿＿＿＿＿＿＿＿

j. la mesita　　　　　＿＿＿＿＿＿＿＿＿＿

3. Pon los verbos en primera persona del singular, en presente.
 – Put the verbs in the 1st person singular, in the present tense.

a. tenemos   _____

b. se acerca   _____

c. pedir   _____

d. se ha oxidado   _____

e. comprarán   _____

f. limpiará   _____

g. llevará   _____

h. haremos   _____

i. jugaremos   _____

j. intentemos   _____

k. daremos   _____

l. golpeaste   _____

m. diste   _____

n. olvidé   _____

o. debe   _____

p. hizo pis   _____

4. Completa los espacios en blanco. – Fill in the blanks.

> *ganas - olvidamos - tú - está - responsabilidad - acuerda - pedir - excusa - todos - golpeé - vieja*

a. Pienso _____ una bici para mi cumpleaños.

b. Mi bicicleta es muy _____, está oxidada.

c. Un perro no es solo diversión, también es una gran _____.

d. Hay que llevar al perro de paseo _____ los días.

e. No tengo _____ de llevar al perro de paseo, llévalo _____.

f. Me duele el pie porque me lo _____.

g. Héctor no se _____ de cuándo se golpeó el pie.

h. Nos _____ de darle al perro de comer, debe tener hambre.

i. La verdad es que Héctor no se golpeó el pie, es una _____.

j. Mamá dio al perro de comer y ahora _____ por llevarlo de paseo.

5. Selecciona la respuesta correcta. – Choose the right answer.

   a.   La bicicleta de Héctor:

        i.   es muy grande y vieja
        ii.   es muy pequeña y está oxidada
        iii.   es muy pequeña, pero divertida
        iv.   es bastante grande, pero está oxidada

   b.   Ignacio y Héctor pedirán para su cumpleaños:

        i.   una bicicleta
        ii.   dos bicicletas
        iii.   un cachorro
        iv.   una bici y un cachorro

   c.   Ignacio y Héctor:

        i.   llevan al perro de paseo todos los días
        ii.   dan al perro de comer todos los días
        iii.   limpian cuando el perro hace sus necesidades dentro de la casa
        iv.   no tienen ganas de llevar al perro de paseo

   d.   Héctor:

        i.   se golpeó la mano
        ii.   se golpeó el pie
        iii.   no se golpeó
        iv.   dio al perro de comer

RESPUESTAS A LOS EJERCICIOS – ANSWERS TO THE EXERCISES

1. a. Falso, b. Verdadero, c. Verdadero, d. Falso, e. Verdadero, f. Falso, g. Falso, h. Verdadero

2. a. los regalos, b. las bicicletas, c. los perros, d. las responsabilidades, e. las casas, f. los veterinarios, g. los paseos, h. los pelos, i. los pies, j. las mesitas

3. a. (yo) tengo, b. me acerco, c. pido, d. me oxido, e. compro, f. limpio, g. llevo, h. hago, i. juego, j. intento, k. doy, l. golpeo, m. doy, n. olvido, o. debo, p. hago pis

4. a. pedir, b. vieja, c. responsabilidad, d. todos, e. ganas, tú, f. golpeé, g. acuerda, h. olvidamos, i. excusa, j. está

5. a. ii. es muy pequeña y está oxidada
   b. iii. un cachorro
   c. iv. no tienen ganas de llevar al perro de paseo
   d. iii. no se golpeó

Fin del 9.º capítulo

¡Enhorabuena!

Capítulo 10 – Chapter 10

La televisión
The television

Mamá: ¡**Son las ocho**! Empieza mi **serie** favorita.

Papá: ¡Uy, no! Hoy es el partido de fútbol.

Mamá: Mi serie **dura** solo media horita. **Mira** fútbol **después**.

Papá: ¿Y **perder** el **inicio del partido**?

Mamá: Eh, bueno, ¿**qué podemos hacer**? No quiero perderme el **capítulo** de hoy, es **importante**. Hoy vamos a saber quién es el padre **verdadero** de Josefa.

Papá: ¿Quién es Josefa?

Mamá: ¡La **protagonista**! Te he hablado tantas veces de esta serie. ¿No te acuerdas **ni siquiera** del nombre de la protagonista? Me parece que **no me prestas atención** cuando te hablo.

Papá: Solamente cuando hablas de tus series no presto atención.

Mamá: ¡Entonces **lo confiesas**!

Héctor: ¡Son las ocho! ¡Ya empieza!

Mamá: ¿Qué empieza?

Ignacio: Batman.

Papá: ¿Cómo que Batman? ¡Olvidadlo! Quiero ver el partido.

Héctor: Pero hace una semana que estamos esperando para ver Batman.

Papá: Y hace una semana que yo estoy esperando el partido. Veámoslo juntos. Si a vosotros también os gusta el fútbol.

Ignacio: Preferimos Batman.

Mamá: ¡No me gusta que miréis **películas de terror**!

Héctor: ¿Batman, película de terror? ¿Qué dices, mami? **Nada que ver**. Es de aventura.

Ignacio: Sí, aventura. También se podría llamar **película de misterio**.

Mamá: **Sea lo que sea**, la podéis ver **en otro momento**.

Papá:	Tengo una idea: **grabar** Batman y verlo mañana.
Héctor:	Buena idea. Yo estoy de acuerdo.
Ignacio:	Yo también estoy de acuerdo.
Mamá:	Buenísimo. Vosotros estáis de acuerdo. ¿A mí no me pregunta nadie?
Héctor:	Pero, mami, tu serie es muy **aburrida**. Hace dos meses que esperas para ver quién es el padre de esa Josefa. Además, para ser **comedia**, no es nada **graciosa**.
Mamá:	¡No es comedia! ¡Es **drama**! Casi nunca veo series **dramáticas** o películas dramáticas, pero esta serie es una **excepción**. Es muy interesante y tiene muy buenos **actores**.
Ignacio:	¿Y si la grabas tú también y la miras mañana?
Mamá:	**Imposible**. **Primero**, dijisteis que vais a grabar Batman. No podemos grabar dos cosas al mismo tiempo. **Segundo**, mañana darán el capítulo siguiente. Quiero ver el capítulo de hoy antes de mañana.
Héctor:	Mamá, somos tres y tú eres una. **Ganamos** nosotros.
Mamá:	¿Ah, sí? ¿Ganáis vosotros? A la mañana os preparo el desayuno y os llevo a la escuela, luego voy al trabajo, vuelvo **muerta** de cansancio, cocino, recojo y limpio la casa, pongo la **lavadora** si necesario... Media horita quiero para descansar, mirando mi serie favorita. **¿Es mucho pedir?**

Papá: **Chavales**, creo que mamá tiene razón.

Ignacio: Vale, veamos el partido cuando termine la serie.

Héctor: Y mañana Batman.

Papá: **Trato hecho**. Pero creo que **pronto** vamos a tener que comprar un segundo **televisor**.

VOCABULARIO – VOCABULARY

son las ocho = it is eight o'clock	
la serie = series	
dura = lasts	*verb:* durar = to last
mira = (*imperative*) watch	*verb:* mirar = to look, to watch
después = later, afterwards	
perder = to miss	*also:* perder = to lose
perder el inicio del partido = to miss the beginning of the game	
el partido = match, game	
¿qué podemos hacer? = (*expression*) what can we do?, it's unavoidable	
el capítulo = episode	*also:* capítulo = chapter (e.g. in a book)
importante = important	
verdadero = (*masc.*) real	verdadero – verdadera
la protagonista = leading actress	el protagonista = leading actor
ni siquiera = not even	
no me prestas atención = you don't pay attention to me	prestar atención = to pay attention
lo confiesas = you admit it	*verb:* confesar = to admit
las películas de terror = horror movies	*singular:* la película de terror
nada que ver = (*expression*) nothing of the sort, anything but	
la aventura = adventure	
la película de misterio = mystery movie	el misterio = mystery
sea lo que sea = whatever it may be	
en otro momento = some other time	
grabar = to record	

aburrida = *(fem.)* boring	aburrido – aburrida
la comedia = comedy	
graciosa = *(fem.)* funny	gracioso – graciosa
el drama = drama	
dramáticas = *(fem. pl.)* dramatic	dramático – dramática la serie dramática = drama series
la excepción = exception	
los actores = *(masc. pl.)* actors	*singular:* el actor – la actriz *plural:* los actores – las actrices
imposible = impossible	
primero = firstly, first of all	
al mismo tiempo = at the same time	
segundo = secondly	
ganamos = we win	*verb:* ganar = to win
muerta = *(fem.)* dead	muerto – muerta *(expression)* muerto de cansancio = exhausted
recojo = I tidy up	*verb:* recoger = to tidy up
la lavadora = washing machine	poner (la) lavadora = to do the laundry
¿es mucho pedir? = is it a lot to ask?	*also:* ¿pido mucho?
trato hecho = it's a deal	el trato = deal, agreement
chavales = *(informal)* kids	*sing.:* el chaval
pronto = *(adv.)* soon	
el televisor = television (the device)	

NOTAS – NOTES

EJERCICIOS – EXERCISES

1. ¿Verdadero o falso? – True or false?

		Verdadero	**Falso**
a.	El partido de fútbol empieza a las ocho.	☐	☐
b.	Josefa es la protagonista en la serie de mamá.	☐	☐
c.	Papá quiere ver Batman con los niños.	☐	☐
d.	Los niños prefieren el partido de fútbol a Batman.	☐	☐
e.	Hace un mes que los niños esperan para ver Batman.	☐	☐
f.	Mamá piensa que Batman es una película de terror.	☐	☐
g.	Héctor piensa que la serie de mamá es aburrida.	☐	☐
h.	Cada capítulo de la serie de mamá dura una hora.	☐	☐
i.	Papá verá solamente la mitad del partido.	☐	☐
j.	Papá va a grabar el partido y Batman.	☐	☐

2. Pon los verbos en primera persona del singular, en presente.
– Put the verbs in the 1st person singular, in the present tense.

a. empieza _____
b. dura _____
c. mira _____
d. perder _____
e. sabremos _____
f. he hablado _____
g. te acuerdas _____
h. prestas atención _____
i. olvidad _____
j. esperamos _____
k. preferimos _____
l. grabar _____
m. preguntado _____
n. dijisteis _____
o. ganáis _____
p. descansar _____
q. hecho _____
r. comprar _____

3. Selecciona la respuesta correcta. – Choose the right answer.

a. Hoy a las ocho dan:

   i. el partido de fútbol
   ii. la serie de mamá
   iii. la película de Batman
   iv. todo lo anterior

b. La serie de mamá es:

   i. una comedia
   ii. un drama
   iii. graciosa
   iv. una serie de misterio

c. Papá:

   i. va a ver Batman con los niños
   ii. va a ver la serie junto con mamá
   iii. grabará la película de Batman
   iv. lleva a los niños a la escuela cada mañana

d. El partido de fútbol empieza:

   i. antes de la película de Batman
   ii. a la misma hora que Batman
   iii. antes de la serie de mamá
   iv. después de la serie de mamá

4. Pon las palabras en plural. – Put the words in the plural.

a. la serie _____
b. el partido _____
c. el capítulo siguiente _____
d. la protagonista _____
e. la semana _____
f. el nombre _____
g. la actriz _____
h. la película de terror _____
i. la aventura _____
j. el misterio _____
k. la comedia _____
l. el drama _____
m. la excepción _____
n. el actor _____
o. el televisor _____

5. Pon las palabras en el orden correcto para formar frases. – Put the words in the right order to make sentences.

a. | mi – seis – serie – favorita – a – empieza – las |

b. | el – hoy – es – de – padre – capítulo – de – quién – en – Josefa – sabremos – el |

c. | quiero – capítulo – no – es – porque – el – importante – perderme – de – hoy |

d. | los – papá – Batman – su – quiere – niños – fútbol – pero – ver – ver – quieren |

e. | para – mañana – película – grabar – voy – la – a – verla |

f. | buenos – interesante – serie – muy – esta – es – muy – y – actores – tiene

g. | mirando – favorita – quiere – mamá – serie – su – descansar

h. | segundo – creo – un – debemos – televisor – que – comprar

RESPUESTAS A LOS EJERCICIOS – ANSWERS TO THE EXERCISES

1. a. Verdadero, b. Verdadero, c. Falso, d. Falso, e. Falso, f. Verdadero, g. Verdadero, h. Falso, i. Verdadero, j. Falso

2. a. empiezo, b. duro, c. miro, d. pierdo, e. sé, f. hablo, g. me acuerdo, h. presto atención, i. olvido, j. espero, k. prefiero, l. grabo, m. pregunto, n. digo, o. gano, p. descanso, q. hago, r. compro

3. a. iv. todo lo anterior
   b. ii. un drama
   c. iii. grabará la película de Batman
   d. ii. a la misma hora que Batman

4. a. las series, b. los partidos, c. los capítulos siguientes, d. las protagonistas, e. las semanas, f. los nombres, g. las actrices, h. las películas de terror, i. las aventuras, j. los misterios, k. las comedias, l. los dramas, m. las excepciones, n. los actores, o. los televisores

5. a. Mi serie favorita empieza a las seis. / A las seis empieza mi serie favorita.
   b. En el capítulo de hoy sabremos quién es el padre de Josefa.
   c. No quiero perderme el capítulo de hoy porque es importante.
   d. Los niños quieren ver Batman, pero su papá quiere ver fútbol.
   e. Voy a grabar la película para verla mañana.
   f. Esta serie es muy interesante y tiene muy buenos actores.
   g. Mamá quiere descansar mirando su serie favorita.
   h. Creo que debemos comprar un segundo televisor.

Fin del 10.º capítulo

¡Lo lograste!

www.ingramcontent.com/pod-product-compliance
Lightning Source LLC
LaVergne TN
LVHW051840080426
835512LV00018B/2977